Andreas Lobner

Faszination: 3d-Gelatine-Blumen

Eine Schritt für Schritt Anleitung

Bibliografische Information der Österreichischen Nationalbibliothek
Die Österreichische Nationalbibliothek verzeichnet diese Publikation in ihrem Katalog. Nähere Informationen unter: www.onb.ac.at

Alle Rechte vorbehalten
Selbstverlag: Andreas Lobner
Raimundstraße 24/5
4020 Linz
Österreich

Das Werk einschließlich seiner Teile ist urheberrechtlich geschützt. Jede Verwertung außerhalb der engen Grenzen des Urheberrechtsgesetzes ist ohne Zustimmung des Autors unzulässig und strafbar. Das gilt insbesondere für Vervielfältigungen, Übersetzungen, Mikroverfilmung und die Einspeicherung und Verarbeitung in elektronischen Systemen. (c) Andreas Lobner 2016
Gebrauchsnamen, Handelsnamen, Warenbezeichnungen und dergleichen, die in diesem Buch ohne besondere Kennzeichnung aufgeführt sind, berechtigen nicht zur Annahme, dass solche Namen ohne weiteres von jedem benutzt werden dürfen. Es kann sich auch dann um gesetzlich geschützte Warenzeichen handeln.

Wichtiger Hinweis

Der Inhalt des Buches wurde vom Verfasser mit größtmöglicher Sorgfalt erarbeitet und geprüft. Trotz sorgfältiger Manuskripterstellung und Korrektur des Satzes können Fehler nicht ausgeschlossen werden.
Der Verfasser und Verlag übernehmen infolgedessen keine Verantwortung und keine daraus folgende oder sonstige Haftung für Schäden, die auf irgendeine Art aus der Benutzung der im Werk enthaltenen Informationen oder Teilen davon entstehen.

Die geschlechtsneutrale Schreibweise

Um den Textfluss nicht zu stören, wurde in der Regel die grammatikalisch maskuline Form gewählt. Selbstverständlich sind in diesen Fällen immer Frauen und Männer gleichermaßen gemeint.

978-3-9504120-3-1

www.3d-Gelatine-Blumen.de

Inhalt

1. Einleitung 1
   1.1 Was wird benötigt? 2
   1.2 Wie funktioniert`s? 3
   1.3 Die Resultate 4
2. Die erste 3d-Gelatine-Blume (Sonnenblume) 5
   2.1 Zutaten 5
   2.2 Zubereitung der Gelatine-Halbkugel 6
   2.3 Der Arbeitsplatz 9
   2.4 Zubereitung von gefärbter Gelatine 10
   2.5 Das Stechen der Blütenmuster 12
   2.6 Abschließen und das Resultat 15
3. Zutaten: Hintergründe und Verwendung 17
   3.1 Gelatine 18
   3.2 Titandioxid oder E171 25
   3.3 Lebensmittelfarbe 29
   3.4 Die Stichmesser 33
4. Praxisbeispiele 35
   4.1 Die Freesie 35
   4.2 Die Schneerose 37
   4.3 Der Elfenschuh 39
   4.4 Die Lilie 41
   4.5 Sprösslinge 43
5. Blütenschablonen 45
Stichwortverzeichnis 49

1. Einleitung

3d-Gelatine-Blumen sorgen bei jedem Geburtstagsfest und bei anderen Feiern für Staunen bei deinen Freunden. Die Schönheit der Blumen und der 3D-Effekt faszinieren Männer, Frauen und Kinder gleichermaßen.

Ein Meisterwerk für das Auge und den Mund

Nach der Bewunderung erfolgt der Genuss. Durch das Hinzufügen von Zitronensäure, Obstsäften oder kleinen Obststücken schmeckt die 3d-Gelatine-Blume nach deinem Lieblingsgeschmack und sorgt für ein Geschmackserlebnis.

Wie kreiert man 3d-Gelatine-Blumen?

Eine kleine Blume lässt sich auch ohne Erfahrung innerhalb von 20 Minuten kreieren und ihr Anblick sorgt für Bewunderung. Damit die Erstellung gut gelingt und kein Frust entsteht, beschreibt dieses Buch die Erstellung von 3d-Gelatine-Blumen mittels einer Schritt für Schritt Anleitung, welche mit Bildern unterstützt wird. Außerdem erfährst du wertvolle Tipps rund um die Zutaten und Hilfsmittel, welche für die Herstellung benötigt werden. Abgerundet wird das Buch mit 5 Praxisbeispielen für Anfänger und Fortgeschrittene.

Weitere Inspirationen

Weitere Inspirationen und alle notwendigen Utensilien für die Herstellung von 3d-Gelatine-Blumen erhältst du auf meiner Homepage:

www.3d-Gelatine-Blumen.de

Einleitung

1.1 Was wird benötigt?

Die Gelatine

Die wichtigste Zutat für die Herstellung von 3d-Gelatine-Blumen ist natürlich die Gelatine selbst. Du kannst sowohl Blattgelatine als auch Pulvergelatine verwenden. Allerdings solltest du Gelatine mit einem möglichst hohen Bloom-wert verwenden. Mehr Details zur richtigen Auswahl der Gelatine findest du im Kapitel 3.

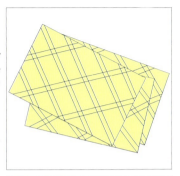

Die Lebensmittelfarbe

Ohne Lebensmittelfarbe könnten wir nur weiße Blumen herstellen. Dies wäre doch langweilig. Für die 3d-Gelatine-Blumen benötigst du entweder Lebensmittelfarbe in flüssiger Form, als Paste oder in Pulverform. Mehr Details erfährst du im Kapitel 3.

Titandioxid (E171)

Titandioxid ist ein weißes Farbpigment, welches ein sehr starkes Deckungsvermögen besitzt. Damit die Lebensmittelfarben nicht blass und durchsichtig, sondern kräftig und deckend wirken, werden sie mit Titandioxid vermischt. Mehr Details dazu, erfährst du im Kapitel 3.

Stichmesser mit Dosiereinheit

Für das Herstellen von 3d-Gelatine-Blumen, muss Lebensmittelfarbe in Form einer Blüte, eines Blumenblattes oder eines Fruchtblattes direkt in eine Gelatine-Halbkugel gespritzt werden. Hierfür werden Stichmesser verwendet. Mehr zu den Stichmessern erfährst du im Kapitel 3 und ihre Anwendung in Form von Praxisbeispielen findest du im Kapitel 4.

Einleitung

1.2 Wie funktioniert´s?

Arbeitsschritt 1: Gelatine-Halbkugel zubereiten

Zu Beginn wird eine glasklare Gelatine-Halbkugel erstellt, in welche später die Blütenmuster gestochen werden. Die Zubereitung der Gelatine-Halbkugel erfolgt bereits einen Tag bevor die Blütenmuster gestochen werden, damit sie über Nacht im Kühlschrank gelieren und fest werden kann.

Arbeitsschritt 2: Farbige Gelatine zubereiten

Für die Blumenblüten wird flüssige farbige Gelatine benötigt. Die Basis dafür bietet eine milchbasierte Gelatine, welche erst kurz vor dem Stechen der Blütenmuster zubereitet wird. Damit die Blüten eine strahlende deckende Farbe erhalten ist das beimischen von Lebensmittelfarbe und Titandioxid zur milchbasierten Gelatine notwendig.

Arbeitsschritt 3: Blütenmuster stechen

Nachdem die glasklare Gelatine-Halbkugel und die farbige milchbasierte Gelatine vorbereitet sind, wird ein Stichmesser in Blütenform in die feste Gelatine-Halbkugel gestochen und gleichzeitig die farbige milchbasierte Gelatine eingespritzt.

Dies ist der grundsätzliche Ablauf zur Herstellung von 3d-Gelatine-Blumen. Viele Rezepte mit Mengenangaben und weitere Tricks erfährst du in den nächsten Kapiteln an Hand von Praxisbeispielen.

Einleitung

1.3 Die Resultate

2. Die erste 3d-Gelatine-Blume
Die Sonnenblume

2.1 Zutaten

Lebensmittel

- 10g Gelatine (1 Esslöffel)
- 5g Titandioxid (1 Teelöffel)
- 1/4 Liter Milch
- 1 Messerspitze gelbe Lebensmittelfarbe
- 1 Messerspitze schwarze Lebensmittelfarbe
- 30 g Zucker (3 Esslöffel) - Abschmecken nach deinem Geschmack
- 2g Zitronensäure (1/3 Teelöffel) - Abschmecken nach deinem Geschmack

Spezial-Utensilien

- Stichmesser - ,,Sonnenblume''
- Stichnadel - ,,Fruchtblatt-gerade''
- 2 Dosiereinheiten
- Halbkugelschüssel (Füllvolumen: ca. 1/4 l)

Alle notwendigen Spezial-Utensilien kannst du auf meiner Homepage bestellen: www.3d-Gelatine-Blumen.de

Klassische Küchenutensilien

- Frischhaltefolie
- Mikrowelle
- Taschentücher
- Schüssel mit heißem Wasser
- Abfallschüssel

Die erste 3d-Gelatine-Blume

2.2 Zubereitung der Gelatine-Halbkugel

Die Gelatine-Halbkugel musst du bereits einen Tag vor dem Stechen der Blütenmuster zubereiten damit sie über Nacht im Kühlschrank gelieren kann. Du findest auf der nächsten Doppelseite eine ausführliche Fotodokumentation zur Zubereitung einer Gelatine-Halbkugel.

Die Arbeitsschritte zur Zubereitung einer Gelatine-Halbkugel:

- Gib 2 Esslöffel Wasser in eine halbkugelförmige Schüssel (Füllvolumen ca. 1/4l) und rühre einen Esslöffel Gelatinepulver (ca. 10g) in das Wasser.

- Lasse das Gelatine-Wasser Gemisch ca. 5 Minuten stehen. Währenddessen saugt die Gelatine das Wasser auf und die Gelatine beginnt aufzuquellen. Wenn die Gelatine einen festen, bröckligen Zustand erreicht hat, ist der Quellvorgang abgeschlossen.

- Erhitze die gequollene Gelatine in der Mikrowelle bei mittlerer Leistung für ca. 30 Sekunden. Kontrolliere ob die gequollene Gelatine bereits vollständig flüssig ist. Wenn nicht, erwärme die Gelatine erneut für 30 Sekunden in der Mikrowelle.

- Löse in einem 1/4 Liter Wasser 3 Esslöffel Zucker und 2 g Zitronensäure.

- Rühre in die Schüssel mit der flüssigen Gelatine das Zuckerwasser ein, bis sie voll ist.

- An der Oberfläche der Gelatine können sich kleine Luftbläschen bilden. Um sie zu entfernen, lass die Gelatine ca. 30 Minuten ruhen. Währenddessen gelieren die Luftbläschen und es bildet sich an der Oberfläche eine feste Schicht. Du kannst diese Schicht jetzt vorsichtig mit einem Löffel abziehen.

- Stelle das Wasser-Gelatine-Gemisch über Nacht in den Kühlschrank. Dadurch wird die Gelatine fest und es entsteht eine glasklare Gelatine-Halbkugel.

Die erste 3d-Gelatine-Blume

| 1. Pulvergelatine mischen | 2. Die gequollene Gelatine |

| 3. Die flüssige erhitzte Gelatine | 4. Das Einrühren von warmen Wasser |

Die erste 3d-Gelatine-Blume

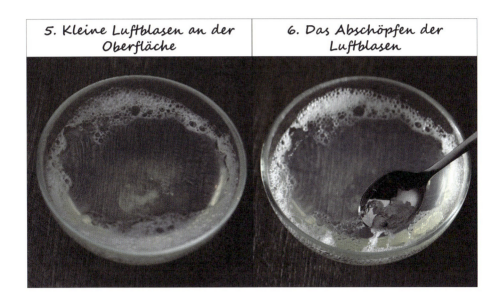

5. Kleine Luftblasen an der Oberfläche

6. Das Abschöpfen der Luftblasen

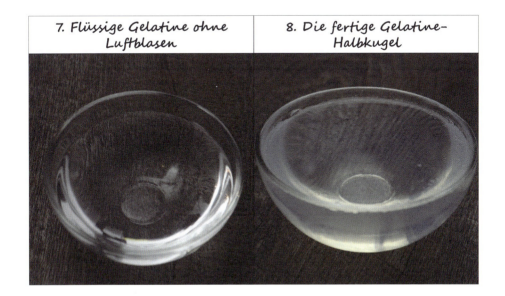

7. Flüssige Gelatine ohne Luftblasen

8. Die fertige Gelatine-Halbkugel

2.3 Der Arbeitsplatz

Frischhaltefolie

Zu Beginn ist es ratsam den Tisch oder die Arbeitsfläche mit Frischhaltefolie zu überziehen. Dadurch musst du nicht darauf achten, dass während dem Stechen der Blütenmuster keine flüssige Gelatine auf den Tisch tropft und du kannst freier arbeiten. Am Ende kannst du die Frischhaltefolie einfach vom Tisch entfernen und alles ist sauber.

Gelatine-Halbkugel

Stelle die am Vortag zubereitete Gelatine-Halbkugel mittig auf den Tisch.

Behälter mit heißem Wasser und Dosiereinheit mit Stichmesser

Stelle am linken Rand eine Schüssel mit heißem Wasser und lege die Dosiereinheit und Stichmesser hinein.

Taschentücher und Abfall-Schüssel

Stelle am rechten Rand eine Schüssel für die Abfälle und lege dir Taschentücher bereit.

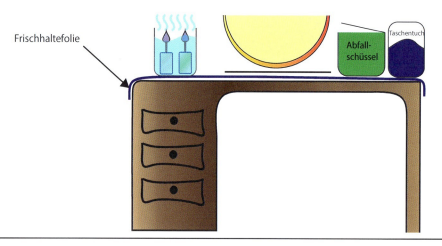

2.4 Zubereitung von gefärbter Gelatine

Später werden die Blüten und Fruchtblätter der Blumen in die Gelatine-Halbkugel gespritzt. Dafür benötigst du farbige Gelatine. Das Einfärben der Gelatine mit Lebensmittelfarbe alleine würde nicht ausreichen, da dadurch eine durchsichtige farblich schimmernde Gelatine entsteht. Um eine farbige Gelatine mit der nötigen Deckkraft zu erzeugen, wird eine milchbasierte Gelatine in Kombination mit Titandioxid in die Gelatine-Halbkugel gespritzt.

Die Zubereitung von gefärbter milchbasierter Gelatine:

- Gib 2 Esslöffel Milch in eine Schüssel (Füllvolumen ca. 1/4 l) und rühre einen Esslöffel Gelatinepulver (ca. 10g) in die Milch.

- Lasse das Gelatine-Milch Gemisch ca. 15 Minuten stehen. Währenddessen saugt die Gelatine die Milch auf und die Gelatine beginnt aufzuquellen. Wenn die Gelatine einen festen, bröckligen Zustand erreicht hat, ist der Quellvorgang abgeschlossen.

- Erhitze die gequollene Gelatine in der Mikrowelle bei mittlerer Leistung für ca. 30 Sekunden. Kontrolliere ob die gequollene Gelatine bereits vollständig flüssig ist. Wenn nicht, erwärme die Gelatine erneut für 30 Sekunden in der Mikrowelle.

- Rühre zur flüssigen Gelatine ein 1/4 Liter Milch und einen Teelöffel Titandioxid.

- Teile das flüssige Milch-Gelatine-Titandioxid Gemisch auf 2 kleine Schüsseln mit etwa gleicher Menge auf.

- Zum Schluss mische jeweils in eine Schüssel eine Messerspitze gelbe bzw. schwarze Lebensmittelfarbe zur flüssigen Gelatine und rühre gut um. Je mehr Lebensmittelfarbe du hinzufügst, desto dunkler wird das Gelb bzw. Schwarz.

- Fülle die fertige noch flüssige Gelatine in jeweils eine Dosiereinheit und stelle die Dosiereinheiten in ein warmes Wasserbad. Tipp: Wenn du keinen Trichter zur Hand hast, sauge die Gelatine mit der Dosierinehehit aus der Schüssel.

Die erste 3d-Gelatine-Blume

1. Die gequollene milchbasierte Gelatine
2. Die fertige milchbasierte Gelatine

3. Aufsaugen von flüssiger Gelatine
4. Das Einfärben der Gelatine

2.5 Das Stechen der Blütenmuster

Nachdem alle Zutaten fertig zubereitet wurden, können die Blütenmuster in die Gelatine-Halbkugel gestochen werden. Diese Aufgabe gliedert sich in 3 Arbeitsschritte:

- Ausnehmen der Blumenmitte
- Stechen der gelben Blüten
- Stechen der schwarzen Fruchtblätter

Ausnehmen der Blumenmitte

- Tauche einen Löffel für eine halbe Minute in heißes Wasser.
- Stich mit dem Löffel in der Mitte der Gelatine-Halbkugel eine kleine Halbkugel heraus und lege Sie vorerst zur Seite.

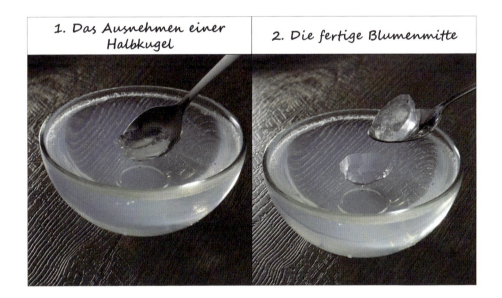

| 1. Das Ausnehmen einer Halbkugel | 2. Die fertige Blumenmitte |

Die erste 3d-Gelatine-Blume

Stechen der gelben Blüten

- Zeichne an der äußeren Glasseite der Gelatine-Halbkugel mit einem Marker 2 Kreise, welche die obere und untere Blütenebene markieren.

- Stecke das „Sonnenblumen-Stichmesser" auf die Dosiereinheit, welche gelb gefärbte Gelatine enthält.

- Stecke das Stichmesser seitlich im Bereich der Blumenmitte in steilen Winkel in die Gelatine-Halbkugel und spritze die gelbe Gelatine hinein. Die auf der Schüssel gezeichneten Kreislinien dienen dir als Orientierung, damit du alle Blüten im gleichen Winkel stichst. Drücke dabei das Stichmesser auf bzw. ab und hebe damit die Gelatine etwas an, damit sich der Einstichspalt öffnet und sich die Gelatine gut verteilt.

- Drehe die Schüssel ein Stück weiter und stich neben der ersten Blüte die nächste. Wiederhole den Vorgang bis du über den gesamten Umfang Blüten gestochen hast.

- Stich erneut Blüten in einer 2. Ebene in etwas flacheren Winkel. Die auf der Schüssel gezeichneten Kreislinien dienen dir als Orientierung, damit du alle Blüten im gleichen Winkel stichst.

- Wenn flüssige Gelatine auf die Oberfläche der Gelatine-Halbkugel tropft, wische sie mit einem feuchten Taschentuch weg, bevor sie trocknet.

1. Das Markieren der Blütenebenen
2. Das Stechen der Blüten

Die erste 3d-Gelatine-Blume

Stechen der Fruchtblätter

- Stecke die Stichnadel „Fruchtblatt-gerade" auf die Dosiereinheit mit schwarz gefärbter Gelatine.

- Stich mit der Nadel im Bereich der Blumenmitte in etwa bis zur Mitte in die Gelatine-Halbkugel und spritze die schwarze Gelatine hinein.

- Wiederhole den Vorgang bis der gesamte Bereich der Blumenmitte mit Fruchtblättern aufgefüllt ist.

- Falls zwischendurch die Gelatine in der Dosiereinheit dickflüssig wird, stelle sie für eine halbe Minute in eine Schüssel mit heißem Wasser. Achte darauf, dass auch die Stichnadel vollständig in das heiße Wasser eintaucht, damit die Gelatine nicht in der Nadelspitze fest wird und sie verstopft.

- Nimm die Stichnadel wieder von der Dosiereinheit und stelle die Dosiereinheit in warmes Wasser, damit die Gelatine darin nicht fest wird.

- Wenn flüssige Gelatine auf die Oberfläche der Gelatine-Halbkugel tropft, wische sie mit einem feuchten Taschentuch weg, bevor sie trocknet.

1. Das Stechen der Fruchtblätter
2. Die Fruchtblätter von oben

2.6 Abschließen und das Resultat

- Lege, die zum Beginn aus der Gelatine-Halbkugel herausgelöste Blumenmitte, wieder in sie.

- Stelle die fertige Blume für ca. 1-2 Stunden in den Kühlschrank damit die farbige Gelatine fest wird.

- Löse mit einem Küchenmesser den oberen Rand der Gelatine von der Glasschüssel, damit du die Gelatine leichter aus der Schüssel stürzen kannst.

- Stelle die Glasschüssel mit der Gelatine in heißes Wasser und warte ca. 5 Minuten. Durch das heiße Wasser schmilzt die Gelatine am Glasrand und sie lässt sich einfacher lösen.

- Lege ein Teller auf die Glasschüssel und stürze die Gelatine heraus.

- Erwärme einen Teelöffel in heißem Wasser und streiche damit über die Oberfläche der Gelatine, um sie zu glätten.

1. Das Schließen der Blumenmitte
2. Das Lösen des oberen Gelatinerandes

Die erste 3d-Gelatine-Blume

| 3. Gelatine-Halbkugel im heißen Wasserbad erwärmen | 4. Das Stürzen der Gelatine |

5. Das fertige Ergebnis

3. Die Zutaten – Hintergründe und Verwendung

Für eine gesunde und ausgewogene Ernährung ist das Wissen über die Herstellung und der richtigen Zubereitung der Zutaten unerlässlich. Auch wenn 3d-Gelatine-Blumen ein Genussmittel, sowohl fürs Auge als auch für den Mund, sind und somit nicht in Massen konsumiert werden, ist es sinnvoll die Zutaten mit Bedacht einzusetzen. Daher werden in diesem Abschnitt die Hintergründe zur Geschichte, Herstellung und der richtigen Zubereitung zu den Zutaten erklärt. Aber auch Themen wie Gesundheitsrisiken und Alternativen für laktoseintolerante Personen werden angesprochen.

Das Kapitel gliedert sich in 4 Unterabschnitte:

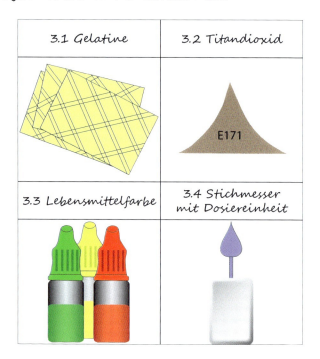

Die Zutaten – Hintergründe und Verwendung

3.1 Gelatine

Das Wort Gelatine stammt vom lateinischen Wort „gelatus", welches steif bedeutet. Diese Wortbezeichnung stammt von der Eigenschaft, dass flüssige Gelatine nach ca. 5-10 Stunden in kühler Umgebung steif wird. Wobei Gelatine nicht gefriert wie Wasser, sondern nach dem Gelieren noch eine Flexibilität besitzt.

Zu Beginn gleich ein paar wichtige Hinweise zu Gelatine:

- **Gelatine nicht mit frischen Ananas, Kiwis, Mangos, Papayas oder Feigen mischen.**
  Diese Früchte und Fruchtsäfte besitzen ein Enzym, welches Gelatine auflöst.

- **Gelatine lässt sich nicht einfrieren.**
  Wenn Gelatine eingefroren wird, verändert es seine Struktur und die Oberfläche wird rau und brüchig.

- **Gelatine nicht über 70 Grad erhitzen.**
  Wird Gelatine über 70 Grad erhitzt, verliert sie ihre Gelierfähigkeit

- **Gelatine besitzt keinen Geschmack bzw. geringen Eigengeschmack.**
  Damit die Gelatine auch gut schmeckt, kannst du sie mit Zucker, Zitronensäure oder Geschmacksverstärker vermischen. Je mehr Zucker du verwendest, desto geringer fest wird die Gelatine.

- **Zucker zuerst mit Wasser mischen und danach erst das Zuckerwasser mit Gelatine mischen.**

- **Vermische niemals Zitronensäure mit milchbasierter Gelatine.**

- **Blasen können abgeschöpft werden.**
  Wenn während dem Gelieren (Festwerden) der Gelatine Blasen an der Oberfläche entstanden sind, kannst du sie nach ca. 30 Minuten abschöpfen.

Die Zutaten - Hintergründe und Verwendung

Die Geschichte von Gelatine

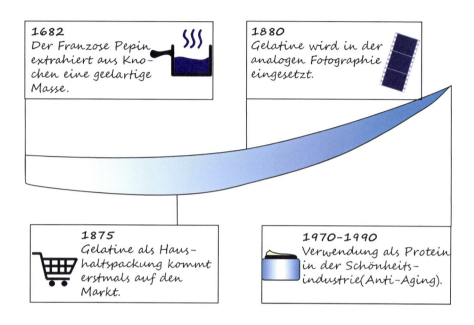

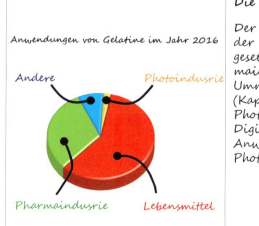

Die Gelatine heute

Der Großteil der Gelatine wird in der Lebensmittelindustrie eingesetzt. Aber auch in der Pharmaindustrie wird Gelatine als Ummantlung von Medikamenten (Kapseln) verwendet. Die analoge Photoindustrie wurde durch die Digitaltechnik ersetzt, wodurch die Anwendung von Gelatine in der Photoindustrie überflüssig wurde.

Die Zutaten – Hintergründe und Verwendung

Die Herstellung von Gelatine

Extraktion

Nach der Vorbehandlung werden die Rohstoffe mehrere Stunden in Wasser gelegt. Die Temperatur des Wassers bestimmt dabei die spätere Gelierfestigkeit (Bloom-Wert).

Reinigung

Nach der Extraktion erfolgt eine Reinigung der erhaltenen Lösung von feinen Fasern und Fett. Auch Salze, Calcium und Natrium werden entfernt und man erhält eine hochreine Gelatine-Wasser Lösung.

Eindicken und Trocknen

Danach wird das Wasser aus der Lösung verdampft und man erhält eine honigartige Gelatinemasse, welche im Anschluss getrocknet und zu Pulver vermahlen oder zu Blattgelatine gewalzt wird.

Vorbereitung

Saures Verfahren

Das Bindegewebe von Schweinen ist nur schwach vernetzt und wird daher nur mittels einer eintägigen Säurebehandlung vorbehandelt.

Alkalisches Verfahren

Das Bindegewebe von Rindern ist stark vernetzt und wird daher über mehrere Wochen mittels eine Lauge vorbehandelt.

Rohstoffe

Als Rohstoffe für Gelatine werden Schweineschwarten, Rinderhäute und ihre Knochen verwendet. Gelatine gemäß den jüdischen und islamischen Glaubensgesetzen (koscher und halal) werden aus Fischhäuten hergestellt.

Gelatine

Die Zutaten – Hintergründe und Verwendung

Der Bloomwert

Die Gelierfähigkeit von Gelatine

Die wichtigste Eigenschaft von Gelatine ist ihre Gelierfähigkeit. Dies bedeutet, dass Gelatine bei richtiger Verarbeitung eine steife klare Masse bildet. Je nach Qualität der Gelatine kann sie eine eher weiche, wackelige oder eine sehr steife Konsistenz bilden.

Der Bloomwert

Die Steifigkeit bzw. Wackeligkeit der Gelatine wird in Bloom angegeben. Speisegelatine besitzt üblicherweise einen Bloomwert zwischen 50 und 300. Je höher der Bloomwert von Gelatine, desto höher ist ihre Steifigkeit.
Für die Herstellung von 3d-Gelatine-Blumen empfehle ich eine Gelatine mit einem Bloomwert größer als 200 zu wählen. Insbesondere für Anfänger ist das Stechen der Blütenmuster in steife Gelatine einfacher.

Hintergrundwissen: Wie wird der Bloomwert bestimmt?

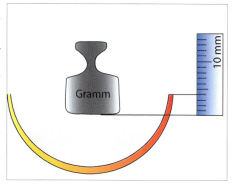

Für die Ermittlung des Bloomwertes von Gelatine wird eine 6.67% Gelatine/Wasser-Lösung für exakt 17 Stunden bei 10 Grad Celsius ruhig gestellt. Während dieser Zeit geliert die Wasser/Gelatine-Lösung. Danach werden verschiedene Gewichte mit einem Durchmesser von 0.5 Zoll auf die Gelatine gestellt. Jenes Gewicht, welches exakt 4 mm tief eindringt, bestimmt den Bloomwert. Ein Beispiel: Wenn ein Gewicht von 400 Gramm exakt 4 mm tief in die Gelatine eindringt, dann besitzt die Gelatine einen Bloomwert von 400. Diese Vorgehensweise zur Charakterisierung zur Steifigkeit wurde im Jahr 1925 von Oscar Bloom erfunden.

Die Zutaten – Hintergründe und Verwendung

Die Verarbeitung von Gelatine

Faustformel: 1/4 Liter Wasser wird mit 6 Blatt Gelatine oder ca. 10g Pulvergelatine gemischt. Je mehr Gelatine du verwendest, desto steifer wird die Gelatine. Aber Achtung: Wenn du zu viel verwendest, bekommt die Gelatine einen leichten Gelbstich.

Blattgelatine:

> 6 Stück Blattgelatine in eine Schüssel mit kalten Wasser legen und die Gelatine ca. 5 Minuten Einweichen lassen. Danach die gequollene Blattgelatine aus dem Wasserbad nehmen und das Wasser aus den Blättern ausquetschen.

Pulvergelatine:

> Ca. 10 Gramm Gelatine in einer Schüssel mit 2 Esslöffel Wasser auflösen und 5 Minuten quellen lassen.

Danach erfolgt für Pulvergelatine und Blattgelatine der gleiche Arbeitsschritt:

- Die ausgedrückten Gelatineblätter oder die gequollene Pulvergelatine in der Mikrowelle für 30 Sekunden erwärmen. Danach die erhitzte Gelatine in einem viertel Liter lauwarmen Wasser einrühren und anschließend die Gelatine ca. 12 Stunden im Kühlschrank kalt stellen.

Du kannst anstatt dem Wasser auch Fruchtsäfte für Geschmack oder das Wasser mit Lebensmittelfarbe zuvor einfärben. Aber Vorsicht: Die Gelatine nicht mit frischen Ananas, Kiwis, Mangos, Papayas oder Feigen verwenden. Diese Früchte und Fruchtsäfte besitzen ein Enzym, welches Gelatine auflöst.

Die Zutaten - Hintergründe und Verwendung

Verschiedene Gelatinearten

Gelatine wird in 3 verschiedenen Formen angeboten:

- Pulvergelatine
- Blattgelatine
- und Instantgelatine

Pulvergelatine

Pulvergelatine eignet sich hervorragend für die Herstellung von 3d-Gelatine-Blumen. Die Gelatine kann genau dosiert werden und damit die Steifigkeit der Gelatine genau nach Wunsch eingestellt werden.

Blattgelatine

Blattgelatine eignet sich genauso wie Pulvergelatine, allerdings ist die Handhabung etwas umständlicher und eine genaue Dosierbarkeit nicht möglich. Daher bevorzuge ich Pulvergelatine.

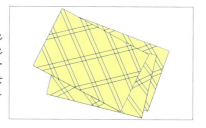

Instantgelatine

Die von mir getesteten Varianten von Instantgelatine, hatten alle den Nachteil, dass sie einerseits einen Gelbstich hatten und daher nicht schön aussahen und andererseits auch nicht die notwendige Steifigkeit (hohen Bloom-Wert) erreichten.

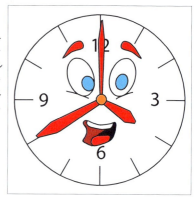

Milchbasierte Gelatine

Milchbasierte Gelatine

Für eine milchbasierte Gelatine wird als Flüssigkeit kein Wasser sondern Milch verwendet. Das Mischungsverhältnis von Milch und Gelatine sowie die Zubereitungsschritte sind identisch wie bei klassischer wasserbasierter Gelatine. Aber Achtung: Mische zu milchbasierter Gelatine niemals Zitronensäure.

Für was benötigt man milchbasierte Gelatine?

Die milchbasierte Gelatine wird für farbige Blüten benötigt. Wenn du zur milchbasierten Gelatine etwas Lebensmittelfarbe mischst, erhältst du einen deckenden Farbton. Färbt man wasserbasierte Gelatine mit Lebensmittelfarbe, entsteht eine durchsichtige nicht deckende Farbe. Betrachte den Unterschied in den unteren Bildern.

Zu wenig Deckkraft? Was tun?

Milchbasierte Gelatine ist zwar bereits deckend aber für schöne beeindruckende farbige Blüten nicht ausreichend. Daher musst du etwas Titandioxid zur milchbasierten Gelatine hinzumischen. Was Titandioxid ist, erfährst du im nächsten Abschnitt.

Laktoseintolerant? Kein Problem

Wenn du laktoseintolerant bist, also keine Milchprodukte verträgst, musst du trotzdem nicht auf farbige 3d-Gelatine-Blumen verzichten. Du kannst die Deckkraft der Farben auch durch das Mischen von Titandioxid mit wasserbasierte Gelatine erreichen. Allerdings benötigst du dafür größere Mengen als bei milchbasierter Gelatine.

Die Zutaten – Hintergründe und Verwendung

3.2 Titandioxid oder E171

Was ist Titandioxid?

Titandioxid wurde 1791 entdeckt und wird aus natürlich vorkommenden Eisenerzen (Ilmenit) gewonnen. Titandioxid besteht aus den Atomen Titan und Sauerstoff.
Die prägenden Eigenschaften von Titandioxid sind:
- diffuse Lichtreflexion
- hohes Dispersionsvermögen
- weiß färbend

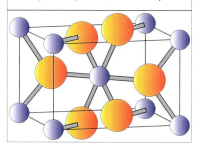

Molekül TiO2 (Orange=Ti; blau=O)

Diffuse Lichtreflexion

Titandioxid ist ein weißes Pigment, welches das einfallende Licht diffus reflektiert. Dies bedeutet, dass das Licht stark gestreut wird und somit ergibt Titandioxid ein sehr deckendes mattes weiß.

Dispersionsvermögen

Titandioxid ist in Flüssigkeiten nicht löslich, besitzt aber ein hohes Dispersionsvermögen. Dies bedeutet, dass sich die feinen Titandioxidpartikeln gleichmäßig in einer Flüssigkeit verteilen. Wird die Flüssigkeit allerdings längere Zeit stehen gelassen, setzen sich die Partikeln wieder am Boden ab. Dies führt dazu, dass sich Titandioxid, nach ca. 2-3 Tagen Verweildauer in Gelatine, zum Blütenrand bewegt, wodurch sich der Blütenrand weiß färbt.
Dieser Effekt kann für manche Blütenformen störend sein und für andere Blütenformen vorteilhaft wirken. Wenn du diesen Effekt verringern möchtest, musst du weniger Titandioxid beimischen.

Blüte mit hohen Titandioxidgehalt nach 3 Tagen Verweildauer im Kühlschrank

Die Zutaten – Hintergründe und Verwendung

Anwendungsgebiete von Titandioxid

Titandioxid wird in der Lebensmittelindustrie eingesetzt und wird mit der europäischen Zulassungsnummer E171 bezeichnet. Titandioxid ist sehr beliebt, da es ein strahlendes und deckendes Weiß erzeugt.

Typische Anwendungsgebiete sind:
- Kaugummis,
- Hustenbonbons
- Zahnpasta,
- Medikamente,
- Sonnencreme
- und viele weitere Lebensmittel und Kosmetikprodukte.

Aber Vorsicht:

Titandioxid wird auch in Wandfarben, Lacken und anderen Industrieprodukten eingesetzt.
Verwende niemals Titandioxid, welches keine Lebensmittelqualität besitzt. Titandioxid für Industrieprodukte ist nicht so rein und enthält Schmutzpartikel, welche hochgiftig sein können.

Die Zutaten – Hintergründe und Verwendung

Die richtige Menge von Titandioxid

Ich verwende für meine 3d-Gelatine-Blumen:

einen flachen Löffel Titandioxid pro 250 ml flüssige Gelatine

Diese Menge ist ein guter Richtwert. Weiche aber bewusst mal von den Rezeptangaben ein bisschen ab und mache deine eigene Erfahrungen. Manche mögen stärker deckende Blüten und andere wieder durchschimmernde Blüten. Finde deine Lieblingsdeckkraft.

Die richtige Menge

Wenn die richtige Menge Titandioxid zur Lebensmittelfarbe beigemischt wird, wirkt die gestochen Blüte strahlend und deckend ohne, dass sich weiße Zonen im Randbereich der Blüte bilden.

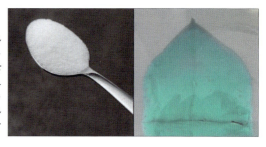

Zu wenig Titandioxid

Wenn zu wenig Titandioxid verwendet wird, dann wirkt die gestochene Blüte blass und durchsichtig.

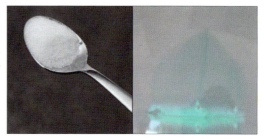

Zu viel Titandioxid

Wenn zu viel Titandioxid verwendet wird, dann scheidet sich Titandioxid am Blütenrand ab und dieser färbt sich weiß.

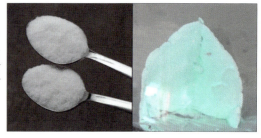

Die Zutaten - Hintergründe und Verwendung

Ist Titandioxid gesundheitsbedenklich?

Titandioxid gilt als unbedenklich

Titandioxid ist unverdaulich und wird unverändert ausgeschieden. Derzeit gibt es keinen Hinweis, dass Titandioxid beim Aufnehmen durch den Mund eine schädliche Wirkung hat.

Zulassung für Lebensmittelprodukte

Titandioxid ist ohne Höchstmengenbeschränkung für die Verwendung in Lebensmitteln zugelassen. Außerdem ist Titandioxid auch für die Verwendung in Arzneimitteln und Kosmetika (z.B.: Sonnenschutzmittel) zugelassen. Bei der Verwendung von Titandioxid in Lebensmitteln muss es als Lebensmittelzusatzstoff mit der Nummer E171 in der Zutatenliste gekennzeichnet werden.

Kontrovers diskutiert

Titandioxid besteht teilweise aus sehr kleinen Partikeln, die sogenannten Nanopartikel. Nanopartikel können den Verdauungstrakt überwinden und über die Blutbahn ins Gehirn gelangen, wo ihre Wirkung bisher sehr wenig erforscht ist. Welche Wirkung diese Nanopartikeln dort haben ist bisher unbekannt.
Mein Tipp: Verwende Titandioxid sparsam. Insbesondere während einer Schwangerschaft empfehle ich auf Titandioxid zu verzichten. Aber lasse dich durch die geringen Mengen, welche bei der Herstellung von 3d-Gelatine-Blumen benötigt werden, nicht verunsichern. Die 3d-Gelatine-Blumen sind zu schön um darauf zu verzichten.

3.3 Lebensmittelfarben

Lebensmittelfarben sind Lebensmittelzusatzstoffe mit welchen Wasser, Gelatine oder auch andere Lebensmittel eingefärbt werden können und die Welt bunt machen.

Geschichte

19. Jahrhundert

Viele synthetische Lebensmittelfarbstoffe wurden bereits am Ende des 19. Jahrhunderts entdeckt und fanden in der Industrie und bei Verbrauchern großen Anklang. Zur damaligen Zeit war man sich der schädlichen Wirkung der eingesetzten Substanzen noch nicht bewusst und somit kam es zu beträchtlichen Gesundheitsschäden bei den Konsumenten.

1887

1887 wurde erstmals der Einsatz von schwermetallhaltigen Lebensmittelzusatzstoffen verboten. Das Gesetz betraf allerdings nicht die synthetischen Lebensmittelfarbstoffe.

1887 - 1993

1887 bis 1993 wurden immer weniger Lebensmittelfarben für den Einsatz in Lebensmittel zugelassen. Von ehemals über 80 synthetischen Farbstoffen wurden im Jahr 1979 nur noch sieben zugelassen. 1993 wurden die Lebensmittelgesetze in Europa angeglichen.

Heute

Heute gibt es ungefähr 40 zugelassene Lebensmittelfarbstoffe. Die Lebensmittelfarben besitzen die europäischen Zulassungsnummern E100 bis E180.

Die Zutaten – Hintergründe und Verwendung

Gesundheitsbedenklich?

Heutiger Erkenntnisstand

Nach heutigen Erkenntnisstand kann man davon ausgehen, dass Lebensmittelfarbstoffe, welche in üblichen Mengen konsumiert werden, keine wesentlichen Gesundheitsschäden verursachen.

Einfluss auf Kinder

Manche Lebensmittelfarben stehen in Verdacht, dass sie die Aufmerksamkeit und Aktivität der Menschen beeinflussen können. Bisher konnte allerdings der Nachweis dafür nicht erbracht werden. Trotzdem müssen seit dem 20 Juli 2010 manche Lebensmittelfarben mit folgenden Hinweis gekennzeichnet sein:
„Kann Aktivität und Aufmerksamkeit bei Kindern beeinträchtigen".

Betroffen sind davon folgende Farbstoffe:
- E 104 – Chinolingelb
- E 102 – Tartrazin
- E 110 – Gelborange S
- E 122 – Azorubin
- E 124 – Cochenillerot A
- E 129 – Allurarot AC

Ich empfehle auf dies 6 Lebensmittelfarben zu verzichten.

Die Zutaten – Hintergründe und Verwendung

Pulver-, Pasten- oder Flüssigfarbe?

Pastenfarben und Pulverfarben

Pulver- und Pastenfarben sind Farbstoffe, welche mit Wasser bzw. Milch vermischt werden können und daher für 3d-Gelatine-Blumen bestens geeignet sind. Beide haben den Vorteil, dass sie sehr ergiebig sind und daher sehr günstig sind. Allerdings gibt es Pulver- und Pastenfarben im Einzelhandel nur selten zu kaufen.

Tipp: Wenn du Pastenfarben verwendest, dann tauche die Zahnstocherspitze nur leicht in die Pastenfarbe und stecke danach den Zahnstocher in die flüssige Gelatine.

Flüssigfarben

Flüssigfarben sind bereits mit Wasser gemischte Lebensmittelfarbpulver. Flüssigfarben lassen sich für die Herstellung von 3d-Gelatine-Blumen sehr gut einsetzen. Der Vorteil von Flüssigfarben ist, dass sie im Einzelhandel erhältlich sind und nicht im Internet extra bestellt werden müssen.

Glitter- und Puderfarben

Glitterfarben sind Lebensmittelfarben, welche glänzende Partikeln enthalten und das Licht reflektieren, wodurch ein Glitzereffekt entsteht. Nach zahlreichen Versuchen mit Glitterfarben von verschiedenen Herstellern, habe ich leider festgestellt, dass sich diese nicht zum Mischen mit Wasser bzw. anderen Flüssigkeiten eignen. Der Glitzereffekt ist nach dem Mischen mit Wasser nicht mehr sichtbar. Außerdem verstopfen die Partikeln das feine Dosiersystem und die Stichmesser.

Alternativen zu Lebensmittelfarbstoffen

Als Alternative zu synthetischen Lebensmittelfarbmittelfarbstoffen bieten sich Konzentrate von natürlich färbenden Lebensmitteln an. Beispiele dafür sind Spinat-Extrakte, Rote-Beete-Extrakte und Kurkumin-Extrakte. Der Nachteil von natürlichen Lebensmittelextrakten ist, dass sie verhältnismäßig teurer sind als synthetische Lebensmittelfarben.

Die Zutaten – Hintergründe und Verwendung

Anwendungsbeispiele

Gelbe Blüten mit schwarzen Fruchtblättern als Kontrast

Rote Blüten mit gelben Fruchtblättern als Kontrast

Blaue Blüten mit gelben Fruchtblättern als Kontrast

Weiße Blüten mit gelben Fruchtblättern als Kontrast

Die Zutaten - Hintergründe und Verwendung

3.4 Die Stichmesser

Zum Stechen der Blütenmuster wird eine Dosierflasche und ein Stichmesser mit der entsprechender Blütenform benötigt. Das Stichmesser kann dabei einfach auf die Dosierflasche aufgesteckt werden und nach dem Gebrauch wieder entfernt werden. Achte dabei auf folgendes:

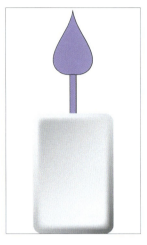

- Stecke das Stichmesser fest auf die Dosiereinheit, sonst kann es sich während dem Arbeiten lösen.
- Stelle das Stichmesser oder die Dosierflasche niemals in die Mikrowelle oder dem Geschirrspüler.
- Wenn das Stichmesser mit Gelatine verstopft ist, erwärme es in heißem Wasser.
- Wasche die Dosierflasche und das Stichmesser nach ihrer Benutzung mit heißem Wasser aus.

Blütenmuster

Du findest auf meiner Homepage Stichmesser für folgende Blütenmuster:

- Sonnenblume / Septemberkraut
- Freesie
- Schneerose
- Elfenschuh
- Lilie
- Blumenblatt

Das Sortiment von Blütenformen wird ständig erweitert. Schau auf meiner Homepage vorbei. Dort findest du auch noch viele Anwendungsbeispiele, welche dir als Inspiration zum Nachmachen dienen können.
www.3d-Gelatine-Blumen.de

Die Zutaten – Hintergründe und Verwendung

Die richtige Anwendung der Stichmesser

Um die flüssige Gelatine in den gestochenen Spalt in Blütenform zu spritzen, gibt es drei Möglichkeiten:

- Injizieren der flüssigen Gelatine
- Schwerkraft ausnützen
- Stechen von gekrümmten Blüten

Injizieren der flüssigen Gelatine

- Stecke das Stichmesser in die Gelatine-Halbkugel.
- Presse die Dosierflasche zusammen um milchbasierte Gelatine zu injizieren.
- Ziehe das Stichmesser aus dem gestochenen Spalt und stecke es nochmals hinein. Dadurch kann sich die Gelatine in Form einer Blüte besser verteilen.

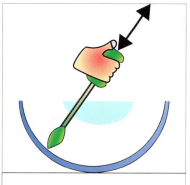

Schwerkraft ausnützen

Bevor das Stichmesser in die Gelatine gefüllt wird, wird die Blumenmitte mit flüssiger Gelatine aufgefüllt. Danach wird das Stichmesser in die Gelatine gestochen. Bewege das Stichmesser entsprechend den Pfeilen im rechts dargestellten Bild, damit die flüssige Gelatine von der Blumenmitte in den Spalt fließen kann.

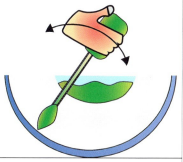

Stechen von gekrümmten Blüten

Bei gekrümmten Stichmessern (z.B. die Lilieblüte) muss das Stichmesser nicht gerade in die Gelatine-Halbkugel gestochen werden, sondern entlang eines gedachten Kreisbogens.

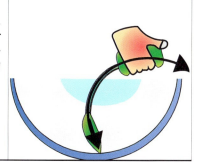

4. Weitere Praxisbeispiele
4.1 Die Freesie
Zutaten

Lebensmittel

- 10g Gelatine (1 Esslöffel)
- 5g Titandioxid (1 Teelöffel)
- 1/4 Liter Milch
- 1 Messerspitze rote Lebensmittelfarbe
- 1 Messerspitze gelbe Lebensmittelfarbe
- 30 g Zucker (3 Esslöffel) - Abschmecken nach deinem Geschmack
- 2g Zitronensäure (1/3 Teelöffel) - Abschmecken nach deinem Geschmack

Spezial-Utensilien

- Stichmesser - „Freesie"
- Stichnadel - „Fruchtblatt - gerade"
- 2 Dosiereinheiten
- Halbkugelschüssel (Füllvolumen: ca. 1/4 l)
- 6-Blüten-Schablone (befindet sich im Anhang des Buches bzw. im Internet unter www.3d-Gelatine-Blumen.de)

Klassische Küchenutensilien

- Frischhaltefolie
- Mikrowelle (alternativ: Herdplatte)
- Taschentücher
- Schüssel mit heißem Wasser
- Abfallschüssel

Im folgenden wird nur noch das Stechen der Blütenmuster beschrieben. Die Arbeitsschritte

- die Zubereitung der Gelatine-Halbkugel,
- die Zubereitung der gefärbten milchbasierten Gelatine,
- das Lösen des Gelatinerandes vom Glas und das Stürzen

sind gleich auszuführen wie im Kapitel 2 beschrieben.

Praxisbeispiele

Das Stechen der Blütenmuster

- **Die Blume besteht aus 2 Blütenebenen**
  Zeichne auf die Glas-Halbkugelform 2 Blütenebenen und stelle sie auf die 6-Blütenschablone.

- **Stechen der oberen Blütenebene**
  Verwende für das Stechen der Blüten in der oberen Blütenebene das Stichmesser „Freesie" und rot eingefärbte Gelatine. Orientiere das Stichmesser wie im rechts dargestellten Bild. Stich 6 Blüten im gleichmäßigen Abstand in die Gelatine-Halbkugel.

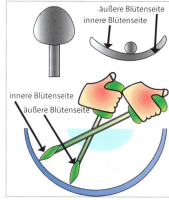

- **Stechen der unteren Blütenebene**
  Verwende für das Stechen der unteren Blütenebene das Stichmesser „Freesie" und rot eingefärbte milchbasierte Gelatine. Orientiere das Stichmesser entgegengesetzt zur oberen Blütenebene. Stich 6 Blüten zwischen die Blüten der oberen Blütenebene.

- **Stechen der Fruchtblätter**
  Verwende für das Stechen der Fruchtblätter gelb eingefärbte Gelatine und die Stichnadel „Fruchtblatt-gerade".

Das Ergebnis

Praxisbeispiele

4.2 Die Schneerose

Zutaten

Lebensmittel

- 10g Gelatine (1 Esslöffel)
- 5g Titandioxid (1 Teelöffel)
- 1/4 Liter Milch
- 1 Messerspitze gelbe Lebensmittelfarbe
- 30 g Zucker (3 Esslöffel) - Abschmecken nach deinem Geschmack
- 2g Zitronensäure (1/3 Teelöffel) - Abschmecken nach deinem Geschmack

Spezial-Utensilien

- Stichmesser - „Schneerose"
- Stichnadel - „Fruchtblatt - gerade"
- 2 Dosiereinheiten
- Halbkugelschüssel (Füllvolumen: ca. 1/4 l)
- 5-Blüten-Schablone (befindet sich im Anhang des Buches bzw. im Internet unter www.3d-Gelatine-Blumen.de)

Klassische Küchenutensilien

- Frischhaltefolie
- Mikrowelle (alternativ: Herdplatte)
- Taschentücher
- Schüssel mit heißem Wasser
- Abfallschüssel

Im folgenden wird nur noch das Stechen der Blütenmuster beschrieben. Die Arbeitsschritte

- die Zubereitung der Gelatine-Halbkugel,
- die Zubereitung der gefärbten milchbasierten Gelatine,
- das Lösen des Gelatinerandes vom Glas und das Stürzen

sind gleich auszuführen wie im Kapitel 2 beschrieben.

Das Stechen der Blütenmuster

- **Die Blume besteht aus einer Blütenebene**
  Zeichne auf die Glas-Halbkugelform eine Blütenebene und stelle sie auf die 5-Blütenschablone.

- **Das Stechen der Blüten**
  Verwende für das Stechen der Blüten das Stichmesser „Schneerose" und weiße (nicht eingefärbte) milchbasierte Gelatine. Stich 5 Blüten im gleichmäßigen Abstand in die Gelatine-Halbkugel.

- **Das Stechen der Fruchtblätter**
  Verwende für das Stechen der Fruchtblätter gelb eingefärbte milchbasierte Gelatine und die Stichnadel „Fruchtblatt-gerade".

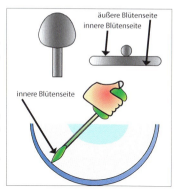

Das Ergebnis

Praxisbeispiele

4.3 Der Elfenschuh

Zutaten

Lebensmittel

- 10g Gelatine (1 Esslöffel)
- 5g Titandioxid (1 Teelöffel)
- 1/4 Liter Milch
- 1 Messerspitze blaue Lebensmittelfarbe
- 1 Messerspitze gelbe Lebensmittelfarbe
- 30 g Zucker (3 Esslöffel) - Abschmecken nach deinem Geschmack
- 2g Zitronensäure (1/3 Teelöffel) - Abschmecken nach deinem Geschmack

Spezial-Utensilien

- Stichmesser - „Elfenschuh - obere Blütenebene"
- Stichmesser - „Elfenschuh - untere Blütenebene"
- Stichnadel - „Fruchtblatt - gerade"
- 2 Dosiereinheiten
- Halbkugelschüssel (Füllvolumen: ca. 1/4 l)
- 5-Blüten-Schablone (befindet sich im Anhang des Buches bzw. im Internet unter www.3d-Gelatine-Blumen.de)

Klassische Küchenutensilien

- Frischhaltefolie
- Mikrowelle (alternativ: Herdplatte)
- Taschentücher
- Schüssel mit heißem Wasser
- Abfallschüssel

Im folgenden wird nur noch das Stechen der Blütenmuster beschrieben. Die Arbeitsschritte

- die Zubereitung der Gelatine-Halbkugel,
- die Zubereitung der gefärbten milchbasierten Gelatine,
- das Lösen des Gelatinerandes vom Glas und das Stürzen

sind gleich auszuführen wie im Kapitel 2 beschrieben.

Das Stechen der Blütenmuster

- **Die Blume besteht aus 2 Blütenebenen**
  Zeichne auf die Glas-Halbkugelform 2 Blütenebenen und stelle sie auf die 5-Blütenschablone.

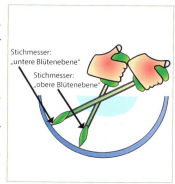

- **Stechen der oberen Blütenebene**
  Verwende für das Stechen der Blüten in der oberen Blütenebene das Stichmesser „Elfenschuh-obere Blütenebene" und blau eingefärbte Gelatine. Stich 5 Blüten im gleichmäßigen Abstand in die Gelatine-Halbkugel.

- **Stechen der unteren Blütenebene**
  Verwende für das Stechen der unteren Blütenebene das Stichmesser „Elfenschuh-untere Blütenebene" und blau eingefärbte Gelatine. Stich 5 Blüten zwischen die Blüten der oberen Blütenebene.

- **Stechen der Fruchtblätter**
  Verwende für das Stechen der Fruchtblätter gelb eingefärbte Gelatine und die Stichnadel „Fruchtblatt-gerade".

Das Ergebnis

Praxisbeispiele

4.4 Die Lilie

Zutaten

Lebensmittel

- 10g Gelatine (1 Esslöffel)
- 5g Titandioxid (1 Teelöffel)
- 1/4 Liter Milch
- 1 Messerspitze gelbe Lebensmittelfarbe
- 30 g Zucker (3 Esslöffel) - Abschmecken nach deinem Geschmack
- 2g Zitronensäure (1/3 Teelöffel) - Abschmecken nach deinem Geschmack

Spezial-Utensilien

- Stichmesser - „Lilie"
- Stichnadel - „Fruchtblatt - gerade"
- 2 Dosiereinheiten
- Halbkugelschüssel (Füllvolumen: ca. 1/4 l)
- 5-Blüten-Schablone (befindet sich im Anhang des Buches bzw. im Internet unter www.3d-Gelatine-Blumen.de)

Klassische Küchenutensilien

- Frischhaltefolie
- Mikrowelle (alternativ: Herdplatte)
- Taschentücher
- Schüssel mit heißem Wasser
- Abfallschüssel

Im folgenden wird nur noch das Stechen der Blütenmuster beschrieben. Die Arbeitsschritte

- die Zubereitung der Gelatine-Halbkugel,
- die Zubereitung der gefärbten milchbasierten Gelatine,
- das Lösen des Gelatinerandes vom Glas und das Stürzen

sind gleich auszuführen wie im Kapitel 2 beschrieben.

Das Stechen der Blütenmuster

- **Die Blume besteht aus 2 Blütenebenen**
  Zeichne auf die Glas-Halbkugelform 2 Blütenebenen und stelle sie auf die 5-Blütenschablone.

- **Stechen der oberen Blütenebene**
  Verwende für das Stechen der Blüten in der oberen Blütenebene das Stichmesser „Lilie" und weiße (nicht eingefärbte) Gelatine. Stich 5 Blüten im gleichmäßigen Abstand in die Gelatine-Halbkugel. Achte dabei auf die richtige Orientierung der Krümmung der Stichmesser.

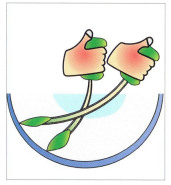

- **Stechen der unteren Blütenebene**
  Verwende für das Stechen der unteren Blütenebene ebenfalls das Stichmesser „Lilie" und weiße (nicht eingefärbte) Gelatine. Stich 5 Blüten zwischen die Blüten der oberen Blütenebene. Die Krümmung der Stichmesser zeigt in die gleiche Richtung wie von den Blüten der oberen Blütenebene.

- **Stechen der Fruchtblätter**
  Verwende für das Stechen der Fruchtblätter gelb eingefärbte Gelatine und die Stichnadel „Fruchtblatt-gerade".

Das Ergebnis

Praxisbeispiele

4.5 Sprösslinge

Zutaten

Lebensmittel

- 10g Gelatine (1 Esslöffel)
- 5g Titandioxid (1 Teelöffel)
- 1/4 Liter Milch
- 30 g Zucker (3 Esslöffel) – Abschmecken nach deinem Geschmack
- 2g Zitronensäure (1/3 Teelöffel) – Abschmecken nach deinem Geschmack

Spezial-Utensilien

- Stichnadel – „Sprössling"
- 1 Dosiereinheit
- Halbkugelschüssel (Füllvolumen: ca. 1/4 l)

Klassische Küchenutensilien

- Frischhaltefolie
- Mikrowelle (alternativ: Herdplatte)
- Taschentücher
- Schüssel mit heißem Wasser
- Abfallschüssel

Im folgenden wird nur noch das Stechen der Blütenmuster beschrieben. Die Arbeitsschritte

- die Zubereitung der Gelatine-Halbkugel,
- die Zubereitung der gefärbten milchbasierten Gelatine,
- das Lösen des Gelatinerandes vom Glas und das Stürzen

sind gleich auszuführen wie im Kapitel 2 beschrieben.

Das Stechen der Sprösslinge

- **Stichnadel einführen**
  Stecke die Stichnadel schräg bis zum Schüsselrand in die Gelatine.

- **Gelatine einpressen**
  Presse die flüssige weiße Gelatine in die Gelatine-Halbkugel.

- **Tipps:**
  - Es kann vorkommen, dass beim Stechen der Nadel in die Gelatine-Halbkugel die Nadelspitze verstopft. Wasche die Stichnadel mit heißem Wasser, stich die Stichnadel in das selbe Loch nochmals hinein und injiziere die flüssige Gelatine.

  - Du kannst die Sprösslinge auch mit Blumen kombinieren. Allerdings erfordert das Stechen der Sprösslinge etwas Übung. Übe daher vorher an einer leeren Gelatine-Halbkugel.

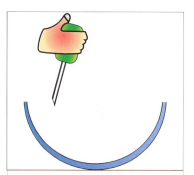
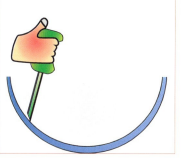

Das Ergebnis

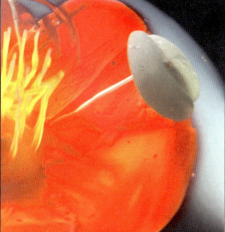

5. Blütenschablonen

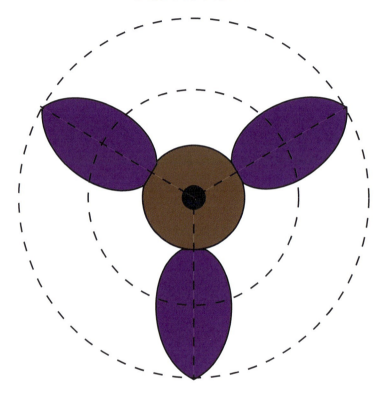

3-Blütenschablone

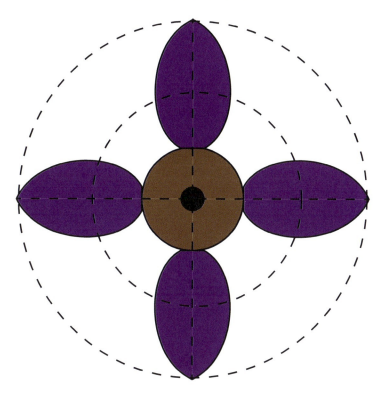

Blütenschablonen

5-Blütenschablone

Blütenschablonen

6-Blütenschablone

www.3d-Gelatine-Blumen.de

Stichwortverzeichnis

Anwendung: Stichmesser 34
Anwendung: Titandioxid 26
Arbeitsplatz 9
Arbeitsschritte 3
Aufsaugen von Gelatine 11
Blattgelatine 23
Bloom 21
Blumenmitte 12
Blüten stechen 13
Blütenschablonen 45
diffus 25
Dispersionsvermögen 25
Dosiereinheit 33
E171 25
Einleitung 1
Elfenschuh 39
Färben von Gelatine 11
Flüssigfarbe 31
Freesie 35
Frischhaltefolie 9
Fruchtblätter stechen 14
gefärbte Gelatine 10
gekrümmte Stichmesser 34
Gelatine 18
Gelatine-Halbkugel 6
Geschichte der Gelatine 19
Gesundheitsbedenklich 28, 30
Glitterfarbe 31
Herstellung der Gelatine 20
Internetpräsenz 1
Inspirationen 1
Instantgelatine 23
laktoseintolerant 24
Lebensmittelfarbe 29
Lichtreflexion 25
Lilie 41
Luftblasen 8
milchbasierte Gelatine .. 10, 24
Muster stechen 12
Pastenfarbe 31
Puderfarbe 31
Pulverfarbe 31
Pulvergelatine 23
Resultate 4
Rohstoffe 20
Schneerose 37
Schwerkraft 34
Sonnenblume 5, 16
Sprösslinge 43
stechen 12
Stichmesser 33
Stürzen der Gelatine 16
Titandioxid 25
Zubereitung von Gelatine .. 22
Zutaten 17

Printed in Germany
by Amazon Distribution
GmbH, Leipzig